PSICOLOGIA DO TESTEMUNHO
A RELAÇÃO ENTRE A PROVA TESTEMUNHAL
NO PROCESSO PENAL E AS FALSAS MEMÓRIAS

Editora Appris Ltda.
1.ª Edição - Copyright© 2024 dos autores
Direitos de Edição Reservados à Editora Appris Ltda.

Nenhuma parte desta obra poderá ser utilizada indevidamente, sem estar de acordo com a Lei nº 9.610/98. Se incorreções forem encontradas, serão de exclusiva responsabilidade de seus organizadores. Foi realizado o Depósito Legal na Fundação Biblioteca Nacional, de acordo com as Leis nos 10.994, de 14/12/2004, e 12.192, de 14/01/2010.

Catalogação na Fonte
Elaborado por: Josefina A. S. Guedes
Bibliotecária CRB 9/870

M894p
2024
	Mosca, Bruna Cristina
	   Psicologia do testemunho: a relação entre a prova testemunhal no processo penal e as falsas memórias / Bruna Cristina Mosca, Fabiano Augusto Petean. – 1. ed. – Curitiba: Appris, 2024.
	   68 p. ; 21 cm. – (Sociologia do direito).
	
	   Inclui referências.
	   ISBN 978-65-250-5798-9
	
	   1. Falso testemunho. 2. Testemunhas – Aspectos psicológicos. 3. Prova criminal. I. Petean, Fabiano Augusto. II. Título. III. Série.
	
	   CDD – 345

Livro de acordo com a normalização técnica da ABNT

Appris editora

Editora e Livraria Appris Ltda.
Av. Manoel Ribas, 2265 – Mercês
Curitiba/PR – CEP: 80810-002
Tel. (41) 3156 - 4731
www.editoraappris.com.br

Printed in Brazil
Impresso no Brasil

Bruna Cristina Mosca
Fabiano Augusto Petean

PSICOLOGIA DO TESTEMUNHO
A RELAÇÃO ENTRE A PROVA TESTEMUNHAL NO PROCESSO PENAL E AS FALSAS MEMÓRIAS

FICHA TÉCNICA

EDITORIAL	Augusto V. de A. Coelho
	Sara C. de Andrade Coelho
COMITÊ EDITORIAL	Marli Caetano
	Andréa Barbosa Gouveia - UFPR
	Edmeire C. Pereira - UFPR
	Iraneide da Silva - UFC
	Jacques de Lima Ferreira - UP
SUPERVISOR DA PRODUÇÃO	Renata Cristina Lopes Miccelli
PRODUÇÃO EDITORIAL	William Rodrigues
REVISÃO	Rachel Fuchs
DIAGRAMAÇÃO	Renata cristina Lopes Miccelli
CAPA	Mateus Porfírio

COMITÊ CIENTÍFICO DA COLEÇÃO SOCIOLOGIA DO DIREITO

DIREÇÃO CIENTÍFICA	Francisco Carlos Duarte – PUCPR
CONSULTORES	Prof. Leonel Severo Rocha (Unisinos)
	Germano Schwartz (Unisinos)
	Vicente de Paulo Barretto (Unisinos)
	André-Jean Arnaud (Université de Paris-Nanterre)
	Katya Kozicki (PUCPR)
	Ricardo Giuliani Neto (Unisinos)
	Luis Gustavo Gomes Flores (Unisinos)
	Vera Karam de Chueiri (UFPR)
	Délton Winter de Carvalho (Unisinos)
	Wanda Capeller (l'Institut d'Études politiques de Toulouse)
	Guilherme de Azevedo (UNISINOS)
	Rafael Simioni (FDSM)
	Claudia Maria Barbosa (PUCPR)

Em memória de Fioravante Mosca Neto.

AGRADECIMENTOS

Gostaria de agradecer primeiramente a Deus, por ter me dado saúde e força para superar todas as dificuldades.

Em segundo lugar, agradeço aos meus pais, Luiz Claudio Mosca e Katia Regina Queirantes, por sempre acreditarem no meu potencial e me deixarem livre para fazer minhas escolhas. Serei eternamente grata, pois tudo que sou devo aos melhores pais do mundo.

Agradeço a Ana, Gabriele e Arthur, por todo o companheirismo nessa longa caminhada, por sempre me convencerem de que tudo ficaria bem e, principalmente, de que tudo daria certo. Hoje nós temos certeza disso. Obrigada!

Aos meus avós, por todo amor e carinho que sempre me deram. Tê-los em minha vida é o meu maior presente.

Ao meu professor Fabiano Augusto Petean, pelo empenho em me ajudar a transformar uma ideia abstrata em algo concreto e, principalmente, pelo suporte, correções e incentivos.

E, por fim, a todos aqueles que de alguma forma fizeram parte dessa etapa importante em minha vida.

A memória, como a liberdade, é frágil.

(Elizabeth Loftus)

SUMÁRIO

1
INTRODUÇÃO 13

2
MEMÓRIA 17
2.1 PROCESSO DE FORMAÇÃO DAS MEMÓRIAS 18
2.2 TIPOS DE MEMÓRIA 21
2.2.1 Memória de trabalho 21
2.2.2 Memória declarativa e procedural 22
2.2.3 Memória *priming* 22
2.2.4 Memória de curta duração, longa duração e remota 23
2.3 RELAÇÃO ENTRE A MEMÓRIA E O TESTEMUNHO 23
2.3.1 Influência das emoções 25
2.4 FALHAS NA MEMÓRIA 26
2.4.1 Falsas memórias 26
2.4.1.1 Processo de criação das falsas memórias 28
2.4.1.2 Tipos de falsas memórias 29

3
FALSAS MEMÓRIAS E O PROCESSO PENAL 33
3.1 A PROVA TESTEMUNHAL NO PROCESSO PENAL 35
3.1.1 Formalidades da colheita do depoimento 38
3.2 PSICOLOGIA DO TESTEMUNHO 39
3.2.1 Consequências práticas do fenômeno das falsas memórias 40
3.2.1.1 Ato de reconhecimento 42

4
TÉCNICAS PARA EVITAR O FENÔMENO DAS FALSAS MEMÓRIAS..47
4.1 MÉTODOS UTILIZADOS PARA A REDUÇÃO
DE POSSÍVEIS DANOS 48
4.1.1 Entrevista cognitiva..49
4.2 DECISÕES JUDICIAIS EMBASADAS
EM PROVAS TESTEMUNHAIS 55

5
CONSIDERAÇÕES FINAIS..61

REFERÊNCIAS 65

1

INTRODUÇÃO

O julgamento de um processo, seja criminal ou não, requer, indispensavelmente, que seja instruído com todas as provas por lei admitidas, capazes de demonstrar o direito do autor/réu, tendo em vista que é por meio delas que se busca reunir o maior número de evidências sobre os fatos ocorridos.

No processo penal, especificamente, há provas que possuem fator determinante para fundamentar as decisões, pois são por meio delas que surge a possibilidade de reconstrução do que ocorreu preteritamente. Em outras palavras, são os meios capazes de fornecer instrumentos para o julgador reconstruir como se deu o crime e proferir a decisão pertinente ao caso. Sendo assim, a função primordial das provas é a persuasão de seu destinatário final, qual seja, o magistrado.

Nas situações em que as provas testemunhais são imprescindíveis,.é preciso ter em mente que a prova testemunhal pode ser vista diante da seguinte dicotomia: se por um lado ela possui importância para a atividade de reconstrução do fato delituoso, por outro pode ser considerada frágil diante de sua fácil manipulação, tendo em vista as interferências, tanto internas quanto externas, que os indivíduos podem sofrer. Ademais, no tocante à fragilidade desse tipo de prova, a pessoa que prestará o testemunho recorrerá à sua memória, de modo que tudo o que foi dito não pode ser tido como verdade absoluta, uma vez que a criação da memória não é algo rígido, e sim passível de induções.

Uma vertente da Psicologia se encarrega de pesquisar o vasto campo da memória e os desvios que ela pode sofrer, desvios estes que resultam no fenômeno das falsas memórias, que consiste em distorções que a memória do indivíduo está sujeita, o fazendo criar informações nem sempre verídicas sobre o ocorrido. Isso se dá pelo fato de a memória não ser algo imutável, e sim construtiva/reconstrutiva, de forma que o meio, ou até mesmo o contato com outras pessoas, pode influenciar o depoente sobre alguma experiência, podendo distorcer, contaminar ou modificar a sua memória.

Nos processos em que se busca a reconstrução dos fatos por meio da prova testemunhal, as pessoas que prestarão os testemunhos se valem de recordações para relatar aquilo que presenciaram. É nesse momento que o fenômeno das falsas memórias pode se manifestar, à medida que os fatos narrados podem nunca ter acontecido, ou, tendo acontecido, se deram de maneira distinta da que foi recordada e descrita pelo depoente.

Da interface entre a Psicologia e o Processo Penal, resulta a denominada Psicologia do Testemunho, que se incumbe de investigar e analisar a qualidade dos relatos prestados pelas testemunhas, viabilizando maior compreensão da prova produzida, além de garantir a efetividade da sua utilização no processo penal, tendo em vista que o Direito Penal lida com um direito fundamental do indivíduo, a liberdade.

A relação entre as provas produzidas no processo e o fenômeno das falsas memórias pode ser encontrada em vários processos. Por exemplo, no julgamento da Apelação n.º 0033025-24.2018.8.26.0050, o Tribunal de Justiça do Estado de São Paulo não acolheu o pedido do Ministério Público para condenar o réu, utilizando-se para tanto do princípio do *in dubio pro reo*. O caso em comento correspondia a uma acusação de roubo majorado por uso de arma de fogo (artigo 157, §2º, I do Código Penal), em que o réu, que teria sido reconhecido por uma das vítimas, foi absolvido pelo magistrado, pois, diante das provas testemunhais produzidas pela defesa, e da confissão do real autor dos fatos, restou-se comprovado que a vítima foi influenciada pelo fenômeno das falsas memórias no reconhecimento do réu.

Em uma pesquisa rápida realizada no site do Tribunal de Justiça do Estado de São Paulo, a partir da busca pelo termo "falsas memórias" no campo "jurisprudência", foram encontrados 9.281 acórdãos que abordam o tema, o que demonstra o caráter corriqueiro do aludido fenômeno no processo penal e a importância da temática discutida neste livro.

No âmbito do Direito Processual Penal, a instrumentalidade do processo deve ser estritamente atendida, como forma de garantir a eficácia dos direitos e garantias fundamentais constitucionais, se valendo, portanto, somente daquilo que foi regularmente comprovado nos autos do processo, não podendo o magistrado se valer de presunções ou das omissões do acusado para fundamentar sua decisão. Além disso, é importante analisar qual a relevância das provas produzidas no processo e dos métodos utilizados para colheita delas, uma vez que os métodos são significantes para conferir autenticidade às provas que foram produzidas.

Sendo assim, o presente livro tem o propósito de demonstrar que a prova testemunhal detém alto grau de subjetividade e, se usada isoladamente, pode causar injustiças àqueles que estão sendo julgados, podendo acarretar tendenciosidades no tocante à condenação do indivíduo falsamente acusado ou identificado por aquele que o fez sob o efeito do fenômeno das falsas memórias. Ainda nesse sentido, será analisado se existem métodos capazes de reduzir possíveis danos que venham a ocorrer durante a colheita do testemunho, bem como exemplificar o caráter corriqueiro de os magistrados se apoiarem nesse tipo de prova para proferirem suas decisões.

2

MEMÓRIA

A palavra memória é definida no dicionário Aurélio como a "faculdade de reter ideias, sensações, impressões, adquiridas anteriormente"[1]. Ou seja, é a possibilidade de lembrar estados de consciência passados e tudo quanto se ache relacionado a eles.

Izquierdo define o conceito de memória do seguinte modo:

> "Memória" significa aquisição, formação, conservação e evocação de informações. A aquisição é também chamada de aprendizado ou aprendizagem: só se "grava" aquilo que foi aprendido. A evocação é também chamada de recordação, lembrança, recuperação. Só lembramos aquilo que gravamos, aquilo que foi aprendido.[2]

Para Myers, "memória é a aprendizagem que persiste através do tempo; informações que foram armazenadas e que podem ser recuperadas"[3].

Dessa forma, a memória pode ser entendida em um panorama geral como tudo aquilo que o indivíduo vivencia e absorve. Entretanto, o cérebro humano também é capaz de lembrar quais são as memórias que se evita recordar, como, por exemplo, situações desagradáveis, humilhações e até mesmo acontecimentos inconvenientes.[4] Nesse mesmo sentido, Fiorelli e Mangini reiteram que os assuntos dolorosos tendem a não serem recordados, de forma que

---

[1] MEMÓRIA. *In*: DICIO, Dicionário Online de Português. Porto: 7Graus, 2023. Disponível em: https://www.dicio.com.br/memoria/. Acesso em: 23 dez. 2023.

[2] IZQUIERDO, Iván Antonio. **Memória**. 3. ed. Porto Alegre: Artmed, 2018. p. 9.

[3] MYERS, David G.; DEWALL, C. Nathan. **Psicologia**. Tradução de Cristiana de Assis Serra, Luiz Cláudio Queiroz de Faria. 11. ed. Rio de Janeiro: LTC, 2019. p. 266.

[4] IZQUIERDO, *op. cit., loc. cit.*

essa tendência contribui para que muitas pessoas não se recordem de detalhes importantes quando chamadas para testemunhar sobre fatos ocorridos com elas ou com outras pessoas.[5]

Fiorelli e Mangini afirmam que as informações recebidas pelos sentidos despertam a atenção, e por esse motivo ativam a memória para posteriormente recordá-las. Ou seja, a partir do momento que se presta atenção, o estímulo é registrado, sendo possível recuperar as informações à medida que a memória reconhece o estímulo.[6]

É no processo de criação das memórias que as emoções podem intervir de maneira determinante, contribuindo para que ocorram composições, lacunas, distorções, ampliações, reduções dos conteúdos e situações que afetam o próprio reconhecimento.[7]

As memórias remetem e representam o passado, e é por meio delas que o indivíduo cria sua própria identidade. Ademais, a possibilidade do acesso às memórias viabiliza o aprendizado e, quanto mais corriqueira a ação, ou até mesmo o processo de decorar, é que algumas informações nunca são esquecidas. Nesse sentido, o processo de repetição é inevitável para que lembremos certas coisas, de modo que, quanto mais reiterada for a ação, mais facilmente o indivíduo se lembrará.

2.1 PROCESSO DE FORMAÇÃO DAS MEMÓRIAS

A identidade de uma pessoa é formada a partir das memórias que ela coleciona, bem como as percepções externas adquiridas e armazenadas. O processo de formação das memórias é complexo e ocorre em nosso cérebro, não sendo processadas de maneira isolada, razão pela qual conseguimos lembrar com mais facilidade de algumas coisas e acontecimentos.

---

[5] FIORELLI, José Osmir; MANGINI, Rosana Cathya Ragazzoni. **Psicologia Jurídica**. São Paulo: Atlas, 2015. p. 21.

[6] *Ibid.*, p. 21.

[7] *Ibid.*, p. 21.

Estamos sujeitos a muitos acontecimentos, principalmente por estarmos em contato com um vasto volume de dados, seja por meios de comunicação, seja pelo contato físico e pessoal. Por esse motivo, as memórias estão sujeitas a inúmeras interferências, razão pela qual não são adquiridas imediatamente em sua forma definitiva.

As memórias são armazenadas no cérebro do indivíduo e algumas regiões desse órgão possuem funções predominantes para a fixação das memórias. O hipocampo é responsável por selecionar e armazenar fatos e eventos importantes, sendo a estrutura central da formação das memórias de longa duração. Está integrado em um circuito composto por córtex temporal vizinho, núcleo da amígdala e áreas corticais distantes, circuito este que recebe as terminações nervosas vinculadas com o afeto, os estados de consciência e sentimentos como ansiedade ou estresse.[8]

Segundo Izquierdo *et al.*, a consolidação das memórias se dá no hipocampo, por meio da resposta de um grupo de neurônios desencadeada pela sua estimulação repetitiva durante alguns segundos.[9] Há três etapas básicas no processo de memória: a codificação, o armazenamento e a recuperação. Na codificação, o indivíduo transforma em linguagem aquilo que foi percebido por meio de seus sentidos; na etapa do armazenamento, os conteúdos codificados são "guardados" até serem acessados em algum momento; e, por fim, a recuperação é o momento em que o indivíduo busca a informação armazenada.[10]

O método de repetição ainda se mostra mais eficaz para fixação das memórias, pois tudo aquilo que repetimos muitas vezes acaba sendo memorizado. Um exemplo disso é a aprendizagem de outro idioma: a partir do momento que ele é utilizado com frequência ou estudado, ocorre sua memorização, de forma que a prática reiterada permite a fixação em nossa mente.

---

[8]   IZQUIERDO, Iván Antonio *et al.* Memória: Tipos e Mecanismos – Achados Recentes. **Revista USP**, São Paulo, n. 98, 2013. p. 13.

[9]   *Ibid.*, p. 14.

[10]   PINTO, Luciano Haussen; STEIN, Lilian Milnitsky. As bases teóricas da técnica da recriação do contexto na entrevista cognitiva. **Avances en Psicología Latinoamericana**, v. 33, n. 2, 2015. p. 291.

A extinção de memórias pode ocorrer quando não há o reforço dela, ou seja, um estímulo incondicionado. Isso ocorre, pois, à medida que uma memória não é estimulada, novas memórias são processadas e armazenadas. O processo da extinção se assemelha ao da formação, entretanto, no sentido inverso. Enquanto na formação ocorre um aumento das respostas daquilo que foi aprendido, na extinção há a diminuição na probabilidade de sua evocação.[11]

Em uma pesquisa recente realizada por Himmer *et al.*, observou-se que os processos que levam à formação das memórias precisam ser flexíveis o suficiente para fornecer codificação rápida e fiel das informações recebidas, além de garantir o armazenamento estável, ou seja, a longo prazo.[12]

Sabendo que uma das capacidades centrais do cérebro é formar e manter memórias, é preciso ter cuidado para que as memórias antigas não sejam substituídas por novas informações, pois, enquanto as memórias são armazenadas nas redes neocorticais de longo prazo e protegidas contra interferências, é possível que ocorra, também, uma aquisição rápida de novas informações pelo hipocampo.[13]

Recentemente, na pesquisa realizada por Himmer *et al.*, descobriu-se uma transição rápida dos sistemas de memória do hipocampo para o córtex parietal posterior (CPP) que ocorre, por exemplo, durante a repetição de conteúdo em uma sessão de estudo. No citado artigo, a ressonância magnética funcional pode demonstrar que essa transição é estabilizada durante o sono.[14]

O papel do sono, portanto, parece ir além do fornecimento de uma "repetição adicional" por meio da reativação de traços de memória, como se pensava anteriormente, e passa a ter participação na estabilização das mudanças induzidas durante o aprendizado, fazendo com que as memórias sejam consolidadas.[15]

---

[11] IZQUIERDO *et al.*, 2013, p. 15.

[12] _HIMMER, L. *et al.* Rehearsal initiates systems memory consolidation, sleep makes it last. *Science Advances*, v. 5, n. 4, Apr. 2019. p. 1.

[13] _Ibid.*, p. 1.

[14] *Ibid.*, p. 1.

[15] *Ibid.*, p. 1.

Sendo assim, o método mais eficaz para consolidação das memórias ainda é a repetição, porém, em momento posterior ao da codificação de uma memória, ou seja, no processo de sua formação, concluiu-se que o sono tem um papel relevante para que isso ocorra, tornando-as estáveis e duradouras. Segundo Himmer *et al.*, "[...] o sono e o ensaio repetido contribuem em conjunto para a consolidação da memória a longo prazo"[16].

2.2 TIPOS DE MEMÓRIA

As memórias podem ser classificadas de acordo com suas funções, seu conteúdo, seu tempo de duração ou a forma como se dá a memorização.

2.2.1 Memória de trabalho

Dos tipos de memória segundo a função, destaca-se a denominada memória de trabalho, também chamada de memória funcional. Segundo Izquierdo, "[...] é uma memória 'on-line'. Mantém, durante a aquisição e durante mais alguns segundos, no máximo poucos minutos, a informação que está sendo processada no momento"[17].

Segundo Di Gesu, a memória de trabalho consiste em lembrança breve e fugaz, servindo basicamente para gerenciar a realidade e determinar o contexto em que ocorreram os fatos e as informações. Ela se diferencia das demais memórias, pois não deixa traços e não produz arquivos.[18]

Sendo assim, a memória de trabalho é aquela que mantém informações por tempo suficiente para utilizá-la, ou seja, é a memória imediata. Izquierdo exemplifica a memória de trabalho afirmando que "usamos a memória de trabalho quando perguntamos a alguém um

---

[16] *Ibid.*, p. 1.

[17] IZQUIERDO, 2018, p. 22.

[18] DI GESU, Cristina. **Prova Penal e Falsas Memórias**. Porto Alegre: Livraria do Advogado, 2014. p. 107.

número de telefone: conservamos esse número o tempo suficiente para discá-lo e, uma vez feito o chamado, o esquecemos"[19].

2.2.2 Memória declarativa e procedural

As memórias classificadas de acordo com o seu conteúdo podem ser de ordem declarativa ou procedural. A primeira diz respeito à memória que pode ser declarada, ou seja, são aquelas em que guardamos fatos, nomes, acontecimentos, subdividindo-se em episódica ou semântica. A memória episódica está relacionada com datas e acontecimentos, como datas de aniversário, eventos que participou etc., enquanto a semântica, assim como o próprio nome induz, está ligada ao significado das palavras, por meio da qual memorizamos vocábulos nunca mais esquecidos.

A memória procedural, por outro lado, são os hábitos que um indivíduo detém, como andar de bicicleta, nadar, escovar os dentes, entre outros. Para alguns autores (tais como Danion, Meulemans, Kauffmann-Muller, e Vermaat, 2001), a memória procedural pode ser dividida em explícita e implícita.[20]

As memórias explícitas são aquelas evocadas conscientemente, enquanto as implícitas são recordações acessadas sem consciência de informações armazenadas ou não.[21] Nos ensinamentos de Izquierdo, as memórias implícitas são aquelas que os indivíduos não percebem que estão aprendendo, mas estão.[22]

2.2.3 Memória *priming*

As memórias denominadas *priming* são aquelas evocadas por meio de dicas, seja de alguma imagem, palavras, gestos, sons ou odores. Por exemplo, um músico que só lembra do resto de uma partitura

---

[19] IZQUIERDO, *op. cit., loc. cit.*

[20] IZQUIERDO, 2018, p. 27.

[21] STEIN, Lilian Milnitsky *et al*. **Falsas memórias**: fundamentos científicos e suas aplicações clínicas e jurídicas. Porto Alegre: Artmed, 2010. p. 117.

[22] IZQUIERDO, *op. cit.*, p. 28.

quando executa ou ouve as primeiras notas; um indivíduo que só recorda da localização de determinado edifício ao virar a esquina dele[23], confirmando que esse tipo de memória é resgatado quando aquele que a evoca esteve sujeito a algum elemento específico que o recorde.

2.2.4 Memória de curta duração, longa duração e remota

Com relação à tipificação da memória de acordo com o seu tempo de duração, temos as de curta e longa duração e as memórias remotas.

As memórias de longa duração são aquelas que demoram tempo considerável para serem consolidadas, de forma que durante o processo estão sujeitas a interferências, podendo ser afetadas de acordo com o local, contato com outras pessoas, ou até mesmo novas memórias.

A memória de curta duração é aquela que antecede a memória de longa duração, consiste no período de tempo necessário para sua consolidação.[24] E, por fim, as memórias remotas são aquelas que podem durar muitos anos, geralmente marcadas por acontecimentos importantes.

2.3 RELAÇÃO ENTRE A MEMÓRIA E O TESTEMUNHO

Toda vez que alguém vai relatar algo que presenciou se remete às suas memórias, de forma que o testemunho, de acordo com Aquino, conforme citado por Fonseca, passa por três fases, quais sejam: conhecimento do fato, conservação do conhecimento pela memória e declaração do conhecimento.[25]

---

[23] *Ibid.*, p. 31.

[24] *Ibid.*, p. 33.

[25] FONSECA, Caio Espíndola. **Processo Penal e as Falsas Memórias**: A Influência das Distorções da Mente na Prova Testemunhal. 2017. 76 f. Monografia (Graduação em Direito) – Pontifícia Universidade Católica do Rio de Janeiro, Rio de Janeiro, 2017. p. 37.

A primeira fase, a do conhecimento, é aquela em que o indivíduo possui contato com o fato, e este, por sua vez, poderá causar efeitos diferentes em cada pessoa que o presenciou, pois é nesse momento que ocorre a interferência das emoções, percepções e avaliações de cada um.[26]

Na fase de conservação ocorre a chamada captação, que é o papel que a memória humana desepenha para manter o conhecimento adquirido na fase anterior por meio do processo de fixação e armazenamento.

Nas palavras de Fonseca, "[...] a fase de declaração do conhecimento, é onde se formam os testemunhos – narrativa de um estímulo sensorial apreendido e conservado pela memória"[27].

Tendo em vista que a memória humana é afetada pela passagem de tempo, ao contar uma história que ocorreu há alguns anos, inevitavelmente são deixados de lado alguns detalhes que foram narrados quando a história é contada alguns minutos depois do acontecimento.[28]

Segundo Flech, citado por Fonseca, isso ocorre porque:

> Durante o lapso temporal existente entre a data de conhecimento do fato e a do testemunho, a memória, inevitavelmente, sofre desgastes, os quais, embora lentos e graduais, resultem em um desaparecimento parcial das recordações. Por isso, quanto mais fortes e claras as imagens fixadas na memória, mais estabilidade elas possuem e mais resistentes são a possíveis deformações[29].

Dessa forma, considerando que a testemunha pode não recordar fielmente do ocorrido, é possível que preencha as lacunas com fatos inverídicos, baseando-se para tanto de sugestionabilidades, capazes de alterarem as recordações, modificando o real conteúdo daquilo que foi presenciado.[30]

---

[26] *Ibid.*, p. 37.

[27] *Ibid.*, p. 38.

[28] *Ibid.*, p. 40.

[29] *Ibid.*, p. 40.

[30] FLECH, Larissa Civardi. **Falsas Memórias no Processo Penal**. Rio Grande do Sul: Universidade Federal do Rio Grande do Sul, 2012. p. 42.

2.3.1 Influência das emoções

De acordo com Santos e Stein, as emoções podem ser definidas, de modo geral, como um conjunto específico e consistente de respostas cognitivas e fisiológicas acionadas por sistemas cerebrais que preparam o organismo para a ação e a interação social.[31]

Segundo Lang, citado por Santos e Stein, as reações emocionais podem ser examinadas por intermédio de relatos subjetivos, por meio de escalas avaliativas, por exemplo, respostas fisiológicas, como frequência cardíaca e condutância elétrica da pele; e observação de comportamentos, por meio de expressões faciais[32].

Assim como delineado por Suares, citado por Fiorelli e Mangini, as emoções não possuem significado próprio, de modo que apenas adquirem seu significado quando utilizadas em um contexto. Ou seja, são frutos da cultura, podendo causar repugnância em um e raiva ou medo em outros.[33]

Uma classificação bastante útil para o estudo do comportamento dos indivíduos é a realizada por Lent, citado por Fiorelli e Mangini, separando as emoções em positivas, relacionadas com o prazer, e negativas, relacionadas com a dor ou o desagrado.[34]

Com relação aos efeitos das emoções positivas e negativas, são nitidamente opostos e conduzem a comportamentos e visões de mundo completamente diferentes. As positivas promovem a abertura e flexibilização para a cooperação, enquanto as negativas impulsionam o conservadorismo, sendo embriões de conflitos.[35]

Sendo assim, em um panorama geral, as emoções podem interferir positiva ou negativamente no testemunho que será prestado,

---

[31] SANTOS, Renato Favarin dos; STEIN, Lilian Milnitsky. A Influência das Emoções nas Falsas Memórias: Uma Revisão Crítica. **Psicologia USP**, v. 19, n. 3, 2008. p. 410. Disponível em: https://doi.org/10.1590/S0103-65642008000300009. Acesso em: 26 maio 2019.

[32] *Ibid.*, p. 417.

[33] FIORELLI, José Osmir; MANGINI, Rosana Cathya Ragazzoni. **Psicologia Jurídica**. São Paulo: Atlas, 2015. p. 31.

[34] *Ibid.*, p. 32.

[35] *Ibid.*, p. 32.

influenciando, consequentemente, a qualidade da prova testemunhal produzida no processo penal.

2.4 FALHAS NA MEMÓRIA

O processo de formação, armazenamento e acesso das memórias pode sofrer inúmeras influências de fatores internos ou externos, viabilizando o cérebro humano modificar a realidade ou criar uma realidade própria – que nunca existiu.[36] Nesse sentido, o fenômeno das falsas memórias é um dos mecanismos de falha da memória.

2.4.1 Falsas memórias

Segundo Fonseca, "as falsas memórias surgem quando há uma falha nos sistemas de apreensão, armazenamento ou resgate da memória humana, levando o agente a erro"[37]. Ou seja, esse fenômeno ocorre quando há alguma interferência, quer seja interna, quer seja externa, no momento em que a memória foi formada, fixada, ou até mesmo no instante em que o indivíduo a retoma para expô-la.

Nas palavras de Cantarino, citado por Fonseca, as falsas memórias se diferem do esquecimento, pois:

> No uso popular, a palavra esquecer é empregada sempre que ocorre falha de memória. Mas as falhas de memória têm muitas causas e, por isso, não podem ser rotuladas sob a mesma palavra. Algumas falhas estão relacionadas com a codificação; outras surgem quando há aquisição insuficiente; outras, ainda, aparecem no momento da recuperação. Guleimam, Fridlund e Reisberg afirmam que as falhas de memória devem ser analisadas levando-se em conta dois aspectos: a passagem do tempo, que faz com que as informações sejam mais probabilisticamente esquecidas, e os erros de memória propriamente ditos,

---

[36] FONSECA, 2017, p. 48.
[37] *Ibid.*, p. 52.

PSICOLOGIA DO TESTEMUNHO:
A RELAÇÃO ENTRE A PROVA TESTEMUNHAL NO PROCESSO PENAL E AS FALSAS MEMÓRIAS

aqueles em que as pessoas se lembram do passado de forma diferente do que realmente aconteceu[38].

Sendo assim, enquanto o esquecimento representa um erro mais restrito na memória, as falsas memórias podem ter diversas causas, devendo, para sua análise, levar em consideração questões temporais e os erros que os indivíduos estão sujeitos a sofrer quanto à memorização ou externalização da memória.

Podemos dizer, portanto, que as falsas memórias não correspondem a um funcionamento incomum da memória humana. Trata-se de um fenômeno no qual o indivíduo se reporta a lembranças de eventos que não ocorreram, como se realmente tivessem ocorrido.[39]

Ademais, é importante esclarecer que podem ocorrer distorções na recuperação de informações a respeito de fatos profundamente desagradáveis, pois o indivíduo, involuntariamente, adota mecanismos de defesa para evitar a repetição dos sofrimentos anteriores.[40]

Nos ensinamentos de Ávila, a preocupação com relação às falsas memórias diz respeito ao papel da testemunha no procedimento e processo penal, pois nossa memória não é exata, de forma que uma simples interpretação errada de um acontecimento pode ocasionar a exteriorização das falsas memórias.

Conforme delineado por Myers e DeWall, a memória não é apenas uma reconstrução, mas também uma reprodução; entretanto, não se pode ter certeza que uma lembrança é real apenas por parecer real, pois até mesmo as memórias irreais são sentidas como reais por aqueles que as reproduzem.[41] É por esse motivo que o inquiridor não deve se valer de perguntas sugestivas, para não influenciar quem presta o testemunho, e deve utilizar técnicas adequadas para colheita desse tipo de prova para reprimir sugestionabilidades e, consequentemente, evitar o fenômeno das falsas memórias.

---

[38] *Ibid.*, p. 53.
[39] FLECH, 2012, *passim.*
[40] FIORELLI, 2015, p. 360.
[41] MYERS; DEWALL, 2019, p. 289.

2.4.1.1 *Processo de criação das falsas memórias*

Assim como delimitado por Fonseca, existem três teorias que tratam do processo de criação das falsas memórias, são elas: Teoria do Paradigma Construtivista, Teoria do Monitoramento da Fonte e Teoria do Traço Difuso.[42]

Para a Teoria do Paradigma Construtivista, a memória é tão somente construída a partir das interpretações que o ser humano faz dos eventos ocorridos ao longo da vida. Em outras palavras, ela seria construtiva, pois cada nova informação é compreendida e reescrita com base em experiências prévias, de forma que as falsas memórias decorrem da falha no processo de interpretação da informação colhida pelo cérebro.[43]

Nos ensinamentos de Di Gesu, para a Teoria do Monitoramento da Fonte:

> As falhas da lembrança decorrem de um julgamento equivocado da fonte da informação lembrada. Também refere que tanto a memória para as informações originais, quanto às advindas dos processos de integração da memória poderiam manter-se intactas e separadas e ser igualmente recuperadas[44].

Para essa teoria, as falhas que ocorrem na memória derivam da fonte da informação que se pretende lembrar, quais sejam, memórias originais ou advindas externamente.

E, por fim, a Teoria do Traço Difuso, responsável por compreender a memória como um sistema de variados traços, e não como uma coisa única.[45] Nesse sentido, Stein explica que:

> Os erros da memória estariam vinculados à falha de recuperação de memórias precisas e literais acerca de um evento, sendo as falsas memórias baseadas em

---

[42] FONSECA, 2017, p. 51.
[43] *Ibid.*, p. 51.
[44] DI GESU, 2014, p. 138.
[45] FONSECA, 2017, p. 51.

traços que traduzem somente a essência semântica do que foi vivido[46].

2.4.1.2 *Tipos de falsas memórias*

Cumpre destacar que as falsas memórias não se confundem com a mentira. Assim como definido por Stein, citado por Fonseca:

> As Falsas Memórias não são mentiras ou fantasias das pessoas; elas são semelhantes às memórias verdadeiras, tanto no que tange a sua base cognitiva quanto neurofisiológica. No entanto, diferenciam-se das verdadeiras pelo fato de as Falsas Memórias serem compostas, no todo ou em parte, por lembranças de informações ou de eventos que não ocorreram na realidade. É fenômeno fruto do funcionamento normal, não patológico, de nossa memória[47].

Nesse sentido, Lopes Jr. defende:

> As falsas memórias se diferenciam da mentira, essencialmente, porque, nas primeiras, o agente crê honestamente no que está relatando, pois a sugestão é externa (ou interna, mas inconsciente), chegando a sofrer com isso. Já a mentira é um ato consciente, em que a pessoa tem noção do seu espaço de criação e manipulação[48].

Assim, enquanto a mentira é um ato consciente do indivíduo, pois ele possui conhecimento de sua farsa, nas falsas memórias acredita-se na veracidade da informação que está sendo dita.

O fenômeno das falsas memórias pode se originar de forma espontânea ou por meio da sugestão, que se dá via implantação externa. A primeira ocorre quando o indivíduo entra em contato com uma informação nova e a compara com a essência de uma memória que já possui, acreditando lembrar-se de uma segunda

---

[46] *Ibid.*, p. 51.

[47] *Ibid.*, p. 52.

[48] LOPES JÚNIOR, Aury. **Direito Processual Penal**. 10. ed. São Paulo: Saraiva, 2013. p. 677.

informação devido à similaridade com o evento realmente vivido. Já as falsas memórias sugeridas são aquelas que se originam a partir da implantação externa ao sujeito, ou seja, por meio de uma sugestão deliberada ou até mesmo uma informação acidentalmente falsa.[49]

As falsas memórias espontâneas são aquelas em que os indivíduos equivocadamente recordam um fato que jamais foi vivenciado, mas que tem relação com o que de fato ocorreu.[50]

No tocante às falsas memórias que se originam espontaneamente, é importante frisar a questão das emoções, pois as pessoas podem se influenciar por sentimentos pessoais, acreditando que o fato ocorreu nos exatos termos em que foi narrado, quando na verdade não foi.

Kaplan e Sadock, assim como citado por Fiorelli e Mangini, conceituam emoção como "um complexo estado de sentimentos, com componentes somáticos, psíquicos e comportamentais, relacionados ao afeto e ao humor"[51]. Dessa forma, a pessoa que esteve em contato com um evento pode codifica-lo de uma maneira diferente de outra pessoa, tendo em vista que as emoções diferem de acordo com a contextualização e o indivíduo.

Fiorelli e Mangini apontam que a emoção modifica a sensação e percepção, razão pela qual alguns estímulos são acentuados e outros atenuados, variando de pessoa para pessoa. Além disso, a emoção é responsável por ocasionar a atenção seletiva, confirmando que as percepções se ajustam aos sentidos das pessoas.[52]

Assim como definido pelo professor e pesquisador do departamento de psicologia da Universidade de Harvard, Schacter[53], a sugestionabilidade pode ser entendida como "uma tendência do indivíduo a incorporar informações enganadoras de fontes externas

---

[49] STEIN, Lílian Milnitsky; NEUFELD, Carmem Beatriz. Falsas memórias: Porque lembramos de coisas que não aconteceram. **Arquivos de Ciências da Saúde da Unipar**, Umuarama. v. 5, n. 2, maio/ago. 2001. p. 180.

[50] FONSECA, 2017, p. 56.

[51] FIORELLI, 2015, p. 30.

[52] *Ibid.*, p. 33.

[53] FONSECA, 2017, p. 54.

PSICOLOGIA DO TESTEMUNHO:
A RELAÇÃO ENTRE A PROVA TESTEMUNHAL NO PROCESSO PENAL E AS FALSAS MEMÓRIAS

– outras pessoas, material escrito ou imagens, até mesmo os meios de comunicação".

Além disso, a sugestionabilidade pode surgir à medida que uma pessoa se vê obrigada por outra pessoa a recordar um fato já ocorrido, como no reconhecimento do réu e na colheita do depoimento de uma testemunha ou da suposta vítima.[54]

---

[54] *Ibid.*, p. 55.

3

FALSAS MEMÓRIAS E O PROCESSO PENAL

O processo penal brasileiro é dotado de mecanismos para garantir a eficácia dos direitos e garantias fundamentais constitucionais, de forma a apenas julgar a demanda quando esgotadas todas as provas nele produzidas, na busca pela verdade processual. Dentre as provas permitidas no âmbito jurídico, a prova testemunhal merece destaque no processo penal frente às suas especificidades e à capacidade de demonstrar o ocorrido quando presenciado por alguém, que não a vítima. Entretanto, sua utilização deve ser vista com cautela, diante da sua subjetividade, ao passo que aquilo que é verdadeiro para uns, pode ser falso para outros.[55]

Nos ensinamentos de Nucci, a finalidade da prova é a busca pelo convencimento do juiz a respeito da verdade sobre um fato litigioso, denominada de verdade processual. Essa é a verdade atingível e possível. Ademais, é por meio da prova que o indivíduo demonstra que os fatos ocorreram, devendo o magistrado se embasar nela para proferir sua decisão.[56]

A finalidade da prova para Lima

> [...] é a convicção do órgão julgador. Na verdade, por meio da atividade probatória desenvolvida ao longo do processo, objetiva-se a reconstrução dos fatos investigados na fase extraprocessual, buscando a maior coincidência possível com a realidade histórica. Verdade seja dita, jamais será possível se atingir com absoluta precisão a verdade histórica dos fatos em questão. Daí se dizer que a busca é da verdade

---

[55] NUCCI, Guilherme de Souza. **Manual de Processo Penal e Execução Penal**. 8. ed. São Paulo: Revista dos Tribunais, 2011. p. 389.

[56] *Ibid.*, p. 392.

processual, ou seja, daquela verdade que pode ser atingida através da atividade probatória desenvolvida durante o processo. Essa verdade pode (ou não) corresponder à realidade histórica, sendo certo que é com base nela que o juiz deve proferir sua decisão[57].

Em síntese, o "objetivo ou finalidade da prova é formar a convicção do Juiz sobre os elementos necessários para a decisão da causa"[58].

O momento adequado para a produção das provas é durante a instrução, havendo, segundo Nucci, três sistemas de avaliação: a livre convicção, a prova legal e a persuasão racional.

Na livre convicção, o método que prevalece é o da valoração livre, não havendo necessidade de motivar sua decisão, o que ocorre com os jurados no Tribunal do Júri. O método da prova legal corresponde à valoração taxada da prova, ou seja, há um preestabelecimento de um determinado valor para cada prova produzida no processo, de forma que o magistrado esteja adstrito ao critério fixado pelo legislador; esse método é notado nos casos em que a lei exige determinada forma para a produção de alguma prova, por exemplo, nos crimes que deixam vestígios, a necessidade de produção do exame de corpo de delito para constituir a materialidade delitiva, o que não pode ser suprida por confissão (artigo 158 do Código de Processo Penal). E, por fim, a persuasão racional, que corresponde ao livre convencimento motivado, viabilizando ao juiz decidir de acordo com o seu livre convencimento; devendo, no entanto, fundamentar sua decisão com base naquilo que o levou a concluir de tal forma, de modo a persuadir as partes e a comunidade em geral.[59]

Nas palavras de Carnelutti, citado por Ávila, "as provas são, pois, os objetos mediante os quais o juiz obtém as experiências que lhe servem para julgar"[60].

---

[57] DE LIMA, Renato Brasileiro. **Manual de Processo Penal**. Salvador: JusPodivm, 2016. p. 578.

[58] TOURINHO FILHO, Fernando da Costa. **Processo Penal**. 33. ed. rev. e atual. São Paulo: Saraiva, 2011. v. 3. p. 234.

[59] NUCCI, 2011, p. 395.

[60] ÁVILA, Gustavo Noronha de. **Falsas Memórias e Sistema Penal**: A Prova Testemunhal em Xeque. Rio de Janeiro: Editora Lumen Juris, 2013. p. 2.

No ordenamento jurídico brasileiro há a predominância do terceiro sistema de apreciação da prova, qual seja, o livre convencimento motivado, de forma que o julgador possui liberdade para apreciar as provas produzidas, devendo sua decisão ser fundamentada com base naquilo que foi legalmente produzido no processo.[61] Nesse sistema, o magistrado não poderá utilizar-se tão somente de suas vivências e intuições; pelo contrário, a sua decisão sempre deverá ser embasada nas provas produzidas e constadas nos autos.[62]

3.1 A PROVA TESTEMUNHAL NO PROCESSO PENAL

No Direito Brasileiro a prova testemunhal está regulamentada pelo Código de Processo Penal, o qual trouxe, em seus artigos 202 e seguintes, a forma como esta deve ser produzida.

Prova testemunhal, segundo Nucci, é aquela em que figura uma pessoa, denominada testemunha, que declara ter conhecimento de algo, podendo confirmar a veracidade do ocorrido, agindo sob o compromisso de ser imparcial e dizer a verdade.[63]

Nas palavras de Aury Lopes Jr., a prova testemunhal representa o principal meio de prova do processo penal brasileiro, tendo em vista as restrições técnicas impostas à polícia judiciária. Esse tipo de prova, diante de sua vasta utilização, acaba sendo a base da imensa maioria das sentenças condenatórias ou absolutórias proferidas.[64]

Essa prova diz respeito ao depoimento prestado pelas pessoas que tiveram contato direto ou indireto com o fato, ou seja, aquelas que viram e presenciaram o ocorrido, ou apenas ouviram dizer. No último caso, quando a testemunha narra aquilo que ouviu outra pessoa dizendo, não deixa de ser um testemunho, porém cabe ao magistrado sopesar o valor que a prova testemunhal produzida terá para demonstrar a veracidade do fato e como isso contribuirá para sua convicção.[65]

---

[61] TOURINHO FILHO, 2011, p. 274.
[62] NUCCI, 2011, p. 396.
[63] *Ibid.*, p. 461.
[64] LOPES JÚNIOR, 2013, p. 656.
[65] NUCCI, 2011, p. 461.

Para Lopes Jr., "a prova testemunhal é o meio de prova mais utilizado no processo penal brasileiro e, ao mesmo tempo, o mais perigoso, manipulável e pouco confiável"[66]. Isso se confirma pelo fato de a prova testemunhal ser produzida por indivíduos que estão suscetíveis a interferências internas e externas, o que pode comprometer a veracidade do que está sendo declarado.

Para a colheita desse tipo de prova, as testemunhas serão inquiridas pelas partes diretamente, assim como previsto no artigo 212 do Código de Processo Penal.[67] As testemunhas de acusação serão inquiridas inicialmente pelo acusador e depois pela defesa; do mesmo modo ocorre com as testemunhas arroladas pela defesa, incumbindo a esta elaborar as perguntas primeiramente, e após o acusador.[68]

Nos ensinamentos de Lopes Jr., este modelo de inquirição se adequa a estrutura acusatória trazida na Constituição Federal, retirando do magistrado o papel de protagonista da instrução, reforçando a separação das funções de acusar e julgar, atribuindo a responsabilidade pela produção da prova às partes, que deverão convencer o juiz, que é mero espectador neste momento.[69]

Entretanto, em que pese a atuação reduzida do magistrado, não significa que ficará inerte durante a produção da prova testemunhal. Pelo contrário, é ele quem presidirá o ato, controlando o deslinde probatório das partes para que as provas sejam produzidas nos limites legais.[70]

Toda pessoa poderá ser testemunha, assim como determina o artigo 202 do Código de Processo Penal[71], de modo que o juiz deverá valorar com cautela os depoimentos de cada testemunha, de acordo

---

[66] LOPES JÚNIOR, *op. cit.*, p. 677.

[67] Art. 212. As perguntas serão formuladas pelas partes diretamente à testemunha, não admitindo o juiz aquelas que puderem induzir a resposta, não tiverem relação com a causa ou importarem na repetição de outra já respondida.
Parágrafo único. Sobre os pontos não esclarecidos, o juiz poderá complementar a inquirição.

[68] LOPES JÚNIOR, *op. cit.*, p. 656.

[69] *Ibid.*, p. 657.

[70] *Ibid.*, p. 657.

[71] Art. 202. Toda pessoa poderá ser testemunha.

com o caso que está sendo analisado. Entretanto, ainda que o artigo supracitado determine que toda pessoa poderá ser testemunha, o artigo 207[72] do mesmo diploma legal apresenta as exceções, elencando os indivíduos que são proibidos de depor, salvo se quiserem dar seu testemunho.

As testemunhas, segundo Lopes Jr., podem ser classificadas em testemunha presencial, testemunha indireta, informante, abonatórias e testemunhas referidas. As testemunhas presenciais são aquelas que tiveram contato direto com o fato, presenciando o acontecimento; a indireta é aquela que não presenciou o ocorrido, apenas ouviu falar sobre ele, depondo sobre fatos acessórios ao principal; as informantes são aquelas que não prestam o compromisso de dizer a verdade, de forma que seu depoimento deverá ser valorado com reservas; as testemunhas abonatórias são os indivíduos que apenas prestam esclarecimentos sobre a conduta social do réu, não havendo qualquer relação com o fato delituoso, de modo que o depoimento é utilizado para avaliação das circunstâncias contidas no artigo 59 do Código Penal[73]; e, por fim, as testemunhas referidas, as quais foram mencionadas em testemunho de pessoa diversa, cuja existência somente foi apurada em momento posterior ao do arrolamento das testemunhas em primeiro momento.[74]

Quanto ao valor probatório da prova testemunhal, vale acrescentar que ela possui presunção relativa, pelos motivos já expostos anteriormente, tendo em vista a subjetividade que está sujeita.[75]

---

[72] Art. 207. São proibidas de depor as pessoas que, em razão de função, ministério, ofício ou profissão, devam guardar segredo, salvo se, desobrigadas pela parte interessada, quiserem dar o seu testemunho.

[73] Art. 59 - O juiz, atendendo à culpabilidade, aos antecedentes, à conduta social, à personalidade do agente, aos motivos, às circunstâncias e consequências do crime, bem como ao comportamento da vítima, estabelecerá, conforme seja necessário e suficiente para reprovação e prevenção do crime:
I - as penas aplicáveis dentre as cominadas;
II - a quantidade de pena aplicável, dentro dos limites previstos;
III - o regime inicial de cumprimento da pena privativa de liberdade;
IV - a substituição da pena privativa da liberdade aplicada, por outra espécie de pena, se cabível.

[74] LOPES JÚNIOR, 2013, p. 677-678.

[75] TOURINHO FILHO, 2011 p. 337.

Sendo assim, conforme demonstrado acima, e com base na cultura processualista do Brasil, a utilização e a importância da prova testemunhal se dá pela tentativa de esclarecer efetivamente a atividade criminosa e a quem ela deve ser imputada, buscando, assim, que a verdade processual seja alcançada. E, para isso, devem ser utilizadas algumas técnicas legais para dar maior efetividade à realização da prova testemunhal.

3.1.1 Formalidades da colheita do depoimento

A inquirição, nos ensinamentos de Lopes Jr., se inicia com a tomada de declarações do ofendido, passando-se à inquirição das testemunhas de acusação e defesa, nesta ordem, os esclarecimentos do perito, acareações, reconhecimentos e, por último, o interrogatório do acusado.[76]

Tendo em vista que a memória, assim como tratado anteriormente, não é algo imutável, é necessário cautela para utilização desse tipo de prova, pois há indivíduos que, influenciados pelas falsas memórias, narram um fato acreditando que ele ocorreu, quando, na verdade, ou aconteceu de maneira diversa, ou nem chegou a acontecer.

Para evitar que o fenômeno das falsas memórias ocorra, seria necessário que os profissionais do Direito conduzissem a prova testemunhal da maneira mais objetiva possível, sem permitir que lacunas sejam criadas para não dar a oportunidade de vácuo no fato que está sendo narrado.

Neste sentido, o artigo 213 do Código de Processo Penal[77], determina que o magistrado não permitirá que a testemunha manifeste sentimentos pessoais no momento de prestar depoimento, ou seja, defende que o testemunho seja objetivo, o que na prática não ocorre. Tal fato se confirma em razão da codificação dos estímulos, que acontece segundo os modelos relativos a cada indivíduo, uma

---

[76] LOPES JÚNIOR, *op. cit.,* p. 656.

[77] Art. 213. O juiz não permitirá que a testemunha manifeste suas apreciações pessoais, salvo quando inseparáveis da narrativa do fato.

PSICOLOGIA DO TESTEMUNHO:
A RELAÇÃO ENTRE A PROVA TESTEMUNHAL NO PROCESSO PENAL E AS FALSAS MEMÓRIAS

vez que pode haver variações de acordo com o modo em que ocorre a recordação, seja ela espontânea ou solicitada em juízo.[78] Além disso, a memória não é algo absoluto, ao passo que pode sofrer interferências de acordo com o meio, o indivíduo e a situação.

A forma padrão para a colheita da prova testemunhal é a oral, sendo reduzida a termo apenas para registro, a fim de que o magistrado possa averiguar e apurar a prova produzida para proferir sua decisão e possível responsabilização penal, se o caso; além de ser oportunizado ao autor e ao réu se manifestarem, concretizando, dessa forma, os principios do contraditório e da ampla defesa.[79]

Outra regra processual adotada corresponde à colheita dos depoimentos de forma separada, com o objetivo de que uma testemunha não saiba o que a outra está declarando ou o que já declarou. Tal método visa garantir a imparcialidade do depoimento das testemunhas[80], conforme dispõe o artigo 210 do Código de Processo Penal[81].

3.2 PSICOLOGIA DO TESTEMUNHO

A Psicologia do Testemunho é a área destinada a estudar o papel que as funções mentais desempenham, de forma a garantir a qualidade dos relatos prestados, atribuindo-lhes maior força e confiabilidade, principalmente quando levado em consideração que fatores de ordem cognitiva e emocional são capazes de interferir em sua autenticidade.

A preocupação em volta do testemunho vai além da concepção narrativa, ou seja, descrever o ocorrido, levando também em consideração a constituição do que ocorreu, retratando a experiência vivida.[82]

---

[78] LOPES JÚNIOR, *op. cit.*, p. 669.

[79] NUCCI, Guilherme de Souza. **Código de processo penal comentado**. 14. ed. São Paulo: Revista dos Tribunais, 2015. p. 468.

[80] *Ibid.*, p. 475.

[81] Art. 210. As testemunhas serão inquiridas cada uma de per si, de modo que umas não saibam nem ouçam os depoimentos das outras, devendo o juiz adverti-las das penas cominadas ao falso testemunho. Parágrafo único. Antes do início da audiência e durante a sua realização, serão reservados espaços separados para a garantia da incomunicabilidade das testemunhas.

[82] ÁVILA, 2013, p. 2.

Assim como trazido por Ávila, o Sistema Nervoso Central (SNC) não armazena propriamente registros factuais, mas sim traços das informações que serão utilizadas para reconstruir as memórias, o que nem sempre retratará fielmente o que foi vivenciado.[83]

Nesse sentido, a Psicologia do Testemunho mescla duas áreas do conhecimento, o Direito e a Psicologia, buscando reduzir possíveis danos que possam vir a ser causados diante da mutabilidade que a memória de um indivíduo pode sofrer, na tentativa de minimizar possíveis consequências danosas.

3.2.1 Consequências práticas do fenômeno das falsas memórias

Conforme se procurou demonstrar, e assim como afirmado por Fonseca, a memória não se restringe a uma única parte do cérebro, uma vez que o processo de formação da memória está ligado ao hipocampo e ao córtex cerebral, e, tendo em vista que a memória é influenciada pela emoção, faz-se necessário analisar a repercussão desta na questão do testemunho.[84]

Pode haver, segundo Stein, dois tipos de respostas quanto ao reconhecimento falso de uma informação, quais sejam, a rejeição incorreta de itens alvo ou a aceitação dos distratores relacionados, os denominados "alarmes falsos", que consistem em considerar verdadeira uma questão que nem está englobada na situação fática.[85]

Nesse diapasão, é importante se atentar às sugestionabilidades às quais o indivíduo está sujeito, uma vez que sugestões podem surgir em situações em que a pessoa se vê obrigada por outro indivíduo a recordar fatos já ocorridos.

Nesse sentido, Schacter afirma:

> A sugestionabilidade é preocupante por várias razões: perguntas tendenciosas podem ajudar a

---

[83] *Ibid.*, p. 103.

[84] *Id.*

[85] STEIN; NEUFELD, 2001, p. 183.

> levar testemunhas a fazer identificações erradas; técnicas terapêuticas sugestivas podem ajudar a criar falsas lembranças; e interrogatórios agressivos de crianças pequenas podem resultar em lembranças distorcidas de supostos abusos por professores e outros adultos. As consequências para os indivíduos envolvidos em casos como esses são muito sérias e, portanto, a compreensão e o combate à sugestionabilidade são importantes tanto para evitar problemas sociais e jurídicos quanto para o avanço da teoria psicológica[86].

Entretanto, a sugestionabilidade não é o único fator capaz de interferir na memória. Schacter lista sete fatores que podem interferir na memória, quais sejam: transitoriedade, ligada ao desaparecimento de informações com o passar do tempo; distração, que ocorre em razão da falta de atenção, ou seja, quando a atenção é desviada para outro assunto frente a um novo tema; bloqueio, que acontece quando uma memória não consegue ser recuperada, geralmente pelo fato de a informação não pertencer a um contexto que possa ser associado a algo conhecido; atribuição equivocada, que se dá quando a informação é lembrada corretamente, mas há um equívoco em sua fonte; sugestionabilidade, assim como tratado no parágrafo anterior, quando a lembrança é influenciada pelo modo como é lembrada; distorção, influenciada pelas opiniões e sentimentos na recordação; e, por fim, a persistência, que corresponde às informações que se pretende esquecer e sempre são lembradas involuntariamente.[87]

É importante levar em consideração todos esses fatores, principalmente para sopesar o valor da prova testemunhal dentro do processo penal, uma vez que a memória de quem prestará o testemunho pode ser maculada por inúmeros vícios no processo de recordação.

Informações posteriores ao fato podem distorcer o conteúdo presente na memória de quem prestará o depoimento, dependendo da suscetibilidade do indivíduo à sugestionabilidade a que foi exposto.

---

[86] SCHACTER, Daniel L. **Os Sete Pecados da Memória**: Como a Mente Esquece e Lembra. Rio de Janeiro: Rocco, 2003. p. 151.

[87] *Ibid.*, p. 151.

Isso se dá pelo fato de as pessoas buscarem sempre corresponder às expectativas criadas.[88]

Fato é que todas as formalidades para produção de provas sujeitas às sugestionabilidades devem sempre ser atendidas, para que não seja majorada a possibilidade de induções, as quais favoreceriam a formação de falsas memórias e, também, falsos reconhecimentos.[89]

Nesse diapasão, Di Gesu, assim como citado por Flech, assevera:

> Em que pese à legislação processual brasileira fazer menção à "possibilidade" de a pessoa ser reconhecida ser colocada ao lado de outras que tenham as mesmas características físicas, defendemos a obrigatoriedade do procedimento, tendo em vista se tratar de ato formal. Neste caso, a interpretação da lei deve ser restrita, pois somente desta forma estar-se-á garantindo a observância das regras do jogo e, principalmente, evitando à formação de Falsas Memórias[90].

Fonseca acrescenta que o respeito às formalidades contidas no Código de Processo Penal para a produção de provas testemunhais e de reconhecimento é um importante aliado na tentativa de se evitar a formação de falsas memórias.[91]

Em síntese, a aceitação de sugestões incorretas pode resultar em consequências graves, como uma testemunha identificar determinada pessoa inocente equivocadamente como autora do fato delituoso em questão.

3.2.1.1 *Ato de reconhecimento*

Assim como ocorre na prova testemunhal, que tem sua credibilidade afetada pela mentira e pelas falsas memórias, a mesma situação ocorre quando se pensa no reconhecimento de pessoas,

---

[88] FLECH, 2012, p. 92.

[89] *Ibid.*, p. 93.

[90] *Ibid.*, p. 93.

[91] FONSECA, 2017, p. 61.

cuja valoração probatória deve considerar esses fatores, pois também depende da complexa e variável memória de quem está realizando o reconhecimento.[92]

O ato de reconhecimento é o meio de prova que tem como finalidade reconhecer pessoa ou coisa, valendo-se para tanto de um processo de recuperação de elementos percebidos no passado.[93]

Sobre o assunto, Lopes Jr. assevera:

> O reconhecimento é um ato através do qual alguém é levado a analisar alguma pessoa ou coisa e, recordando o que havia percebido em um determinado contexto, compara as duas experiências[94].

Ainda nesse sentido, no ato de reconhecimento um indivíduo é levado a recordar algo que havia percebido, comparando experiências. Sendo assim, quanto mais repetida a percepção, mais complexa e precisa ela será.[95]

Há duas formas de reconhecimento pessoal, o simultâneo e o sequencial. O Código de Processo Penal optou pelo reconhecimento simultâneo, conforme se extrai em seu artigo 226[96], o qual determina que no reconhecimento pessoal todos os indivíduos semelhantes serão mostrados ao mesmo tempo à testemunha ou vítima, cabendo a elas

---

[92] LOPES JÚNIOR, 2013, p. 693.

[93] *Ibid.*, 2017, p. 58.

[94] LOPES JÚNIOR, *op. cit.*, p. 687.

[95] DI GESU, 2013, p. 23.

[96] Art. 226. Quando houver necessidade de fazer-se o reconhecimento de pessoa, proceder-se-á pela seguinte forma:
I - a pessoa que tiver de fazer o reconhecimento será convidada a descrever a pessoa que deva ser reconhecida;
II - a pessoa, cujo reconhecimento se pretender, será colocada, se possível, ao lado de outras que com ela tiverem qualquer semelhança, convidando-se quem tiver de fazer o reconhecimento a apontá-la;
III - se houver razão para recear que a pessoa chamada para o reconhecimento, por efeito de intimidação ou outra influência, não diga a verdade em face da pessoa que deve ser reconhecida, a autoridade providenciará para que esta não veja aquela;
IV - do ato de reconhecimento lavrar-se-á auto pormenorizado, subscrito pela autoridade, pela pessoa chamada para proceder ao reconhecimento e por duas testemunhas presenciais.
Parágrafo único. O disposto no n° III deste artigo não terá aplicação na fase da instrução criminal ou em plenário de julgamento.

decidirem qual das pessoas mostradas se parece mais com o autor do fato. Para Lopes Jr., esse é o método mais sugestivo e perigoso.[97]

Enquanto o reconhecimento simultâneo é realizado com todos os indivíduos que guardam características com o suposto autor dos fatos em conjunto, conforme descrição da vítima ou da testemunha, no reconhecimento sequencial os indivíduos são mostrados separadamente.

Assim como delineado por Lopes Jr., o reconhecimento sequencial é aquele em que os suspeitos são mostrados um de cada vez, sendo solicitado à testemunha ou vítima que, antes de ver o próximo suspeito, responda se foi esse o autor do fato ou não. Em razão disso, esse método para reconhecimento se mostra mais seguro e confiável[98], pois nesse tipo de reconhecimento não há uma comparação imediata, ou seja, o indivíduo apenas busca em sua memória os traços que identifiquem quem é o culpado.[99]

Em suma, o que garante que o reconhecimento não seja facilmente maculado é que sua colheita seja realizada em período razoável posterior ao fato, pois, com o passar do tempo, a testemunha pode evocar lembranças totalmente distintas da memória original.[100]

No tocante à qualidade da identificação, deve ser levada em consideração a existência de diversas variáveis, elencadas por Lopes Jr. da seguinte forma:

> Tempo de exposição da vítima ao crime e de contato com o agressor; a gravidade do fato (a questão da memória está intimamente relacionada com a emoção experimentada); o intervalo de tempo entre o contato e a realização do reconhecimento; as condições ambientais (visibilidade, aspectos geográficos etc.); as características físicas do agressor (mais ou menos marcantes); as condições psíquicas da vítima

---

[97] LOPES JÚNIOR, 2013, p. 696.

[98] *Ibid.*, p. 657.

[99] FONSECA, 2017, p. 66.

[100] *Ibid.*, p. 67.

(memória, estresse, nervosismo etc.); a natureza do delito (com ou sem violência física; grau de violência psicológica etc.)[101].

Vale acrescentar que uma simples cautela poderia ser inserida no sistema brasileiro, qual seja, a de informarem a testemunha, em momento anterior ao do reconhecimento, de que não necessariamente o suspeito estaria entre os indivíduos, reduzindo, assim, a margem de erro de um reconhecimento realizado a partir de induções de que o suspeito está, de fato, entre as pessoas que lhe foram apresentadas.[102]

A memória também sofre influência do chamado Efeito do Foco na Arma, fazendo com que a vítima não se atenha às feições do agressor, não conseguindo recordar de outros detalhes do ambiente e do agente, pois sua atenção é captada pela arma. Tal efeito é causado quando um instrumento potencialmente lesivo à vida ou à integridade física é utilizado pelo agressor, direcionando a atenção da vítima ao objeto e não às feições de quem está praticando o delito.[103]

Outra variável que pode influenciar a qualidade da identificação do autor do delito é o Efeito Compromisso, em que uma pessoa, ao analisar fotografias, elege erroneamente o sujeito, persistindo no erro somente para manter o compromisso anterior, mesmo que o fazendo com dúvidas.[104]

Giacomolli sugere, assim como citado por Fonseca, que:

> O ideal recomendado pelos pesquisadores é o de que o condutor do ato de reconhecimento desconheça quem seja o suspeito, bem como que a vítima/testemunha presencial, se houver, diga, no momento do ato, o grau de certeza sobre a identificação e não quando da documentação da ata ou certidão, pois o reconhecimento é inválido quando se diz que o sujeito é parecido ou bem parecido com o réu (desde que não haja outras provas a incriminar o acusado,

---

[101] LOPES JÚNIOR, 2013, p. 693.

[102] *Ibid.*, p. 697.

[103] FLECH, 2012, p. 90.

[104] *Ibid.*, p. 93.

tais como a apreensão de bens, exame datiloscópico ou DNA confirmando a autoria) ou então quando a descrição do envolvido não condiz com as características físicas do imputado[105].

Por esse motivo, resta inequívoco que o reconhecimento de pessoas não pode ser o único elemento para fundamentar a decisão do magistrado quanto a autoria delitiva, uma vez que é passível de inúmeros erros e interferências, assim como ocorre com a prova testemunhal.

---

[105] FONSECA, 2017, p. 61.

4

TÉCNICAS PARA EVITAR O FENÔMENO DAS FALSAS MEMÓRIAS

Conforme visto no capítulo anterior, o fenômeno das falsas memórias possui expressiva repercussão no mundo jurídico, principalmente no âmbito do direito processual penal. Isso ocorre pelo fato de o indivíduo, ao narrar o fato, recorrer às suas memórias, de modo que a recordação pode não se dar da maneira exata com que os fatos ocorreram, acarretando em prejuízos irreparáveis ao ofendido.

Para a reconstrução do fato delituoso é necessária a utilização de métodos que viabilizem chegar o mais perto possível do que de fato ocorreu. Para isso, é importante respeitar todas as garantias constitucionais, como forma de assegurar que o processo penal não se transforme em um mecanismo exclusivo de acusação.

O princípio da presunção de inocência, previsto no artigo 5°, inciso LVII, da Constituição Federal[106], determina que ninguém será considerado culpado até o trânsito em julgado de sentença penal condenatória. Esse princípio deixa claro que o indiciado/acusado não pode carregar o *status* de culpado, até que seja proferida sentença condenando-o.

O testemunho é um meio de prova disciplinado nos artigos 202 a 225 do Código de Processo Penal, e o magistrado se utilizará do livre convencimento motivado, previsto no artigo 155 do Código de Processo Penal, para valorá-la.

---

[106] Art. 5° Todos são iguais perante a lei, sem distinção de qualquer natureza, garantindo-se aos brasileiros e aos estrangeiros residentes no País a inviolabilidade do direito à vida, à liberdade, à igualdade, à segurança e à propriedade, nos termos seguintes:
[...]
LVII - ninguém será considerado culpado até o trânsito em julgado de sentença penal condenatória; [...]

Tendo em vista todas as interferências que esse tipo de prova pode sofrer, é necessário que o sistema penal brasileiro utilize mecanismos eficientes para a sua colheita, visando garantir a máxima efetividade da prova testemunhal, tanto em qualidade quanto quantidade, além de zelar por direitos constitucionais da vítima e do acusado.

4.1 MÉTODOS UTILIZADOS PARA A REDUÇÃO DE POSSÍVEIS DANOS

A testemunha ao prestar depoimento recorre inevitavelmente às suas memórias, as quais podem sofrer falhas em razão do tempo, espaço e sentido; por isso, a palavra da testemunha não pode ser considerada uma reconstrução fiel dos fatos ocorridos. Diante disso, não se pode atribuir à palavra da testemunha natureza de verdade absoluta, bem como não é razoável proferir uma sentença condenatória exclusivamente baseada nesse meio de prova.

Dessa forma, e principalmente diante de todas as máculas que a prova testemunhal está sujeita, surge a necessidade de utilização de métodos eficientes para a colheita desse tipo de prova, na tentativa de reduzir danos.

Por esse motivo, revela-se fundamental a realização de uma abordagem sobre o enfoque da interdisciplinaridade, levando em consideração que o monólogo jurídico não tem sido unicamente eficaz no sentido de oferecer soluções às novas questões surgidas com os estudos relacionados à memória e seu processo de falsificação.[107]

A natureza biológica do indivíduo deve ser levada em consideração, de modo que um estudo seja capaz de compreender e explicar como aspectos biológicos, psicológicos e sociológicos se entrelaçam nesse processo, envolvendo diferentes disciplinas.[108] Por tal razão, a interdisciplinaridade é tão importante, pois permite a avaliação da prova sob diversas perspectivas.

---

[107] FONSECA, 2017, p. 43.

[108] ELIAS, Norbert. **A Sociedade dos Indivíduos**. Rio de Janeiro: Zahar, 1996, p. 153.

Utilizar da interface entre os ramos do conhecimento da Psicologia e do Direito pode ser uma ferramenta para tentar reduzir danos no momento da colheita da prova testemunhal.

Isso porque, aquele que testemunha um crime, ou que é vítima, sofre emoções que não são deixadas de lado no momento do testemunho. Assim sendo, é imprescindível que a testemunha utilize sua memória cognitiva, ou seja, dotada de detalhes técnicos, sem subjetivismos ou juízo de valor.[109]

Nesse sentido, a Psicologia do Testemunho se encarrega de procurar esclarecer as condições em que a memória da testemunha se torna mais confiável, determinando as formas mais adequadas e eficazes de coletar os testemunhos.[110]

Uma das alternativas para redução de danos, estudada pela Psicologia do Testemunho, é a entrevista cognitiva como método de inquirição da testemunha.

4.1.1 Entrevista cognitiva

A forma de abordagem, o modo como as perguntas são realizadas e a estrutura geral do processo de coleta de dados afetam o desempenho mnemônico da testemunha em termos de quantidade e qualidade das informações obtidas.[111]

Conforme já tratado nesta obra, estímulos externos podem ser determinantes para a formação de uma falsa memória. Nesse sentido, o modo como deve ser realizada a oitiva de testemunha, ou até mesmo da suposta vítima, é medida fundamental na tática de contenção de danos ocasionados por essas influências externas.[112]

A Entrevista Cognitiva (EC) foi criada em 1984 pelos psicólogos americanos Ronald P. Fisher e R. Edward Geiselman, e referido método consiste em estruturar a entrevista a fim de torná-la

---

[109] LOPES JÚNIOR, 2013, p. 657.
[110] PINTO; STEIN, 2015, p. 287.
[111] *Ibid.*, p. 287.
[112] FONSECA, 2017, p. 61.

compatível com a forma com que o cérebro recupera memórias.[113] Surgiu como uma alternativa de melhorar a qualidade e precisão dos depoimentos colhidos, bem como conferir-lhes maior grau de confiabilidade.[114]

Segundo Ambrosio, "o testemunho de uma pessoa sobre qualquer acontecimento é composto de quatro fases: percepção, armazenamento, recuperação e expressão"[115]. A entrevista cognitiva busca reduzir os impactos nas quatro fases, para preservar a qualidade do testemunho, diante da importância que a prova testemunhal possui dentro do processo penal.[116]

A entrevista cognitiva está estruturada em cinco fases: a) planejamento e preparação; b) engajamento e explicação; c) relato; d) fechamento; e) avaliação.[117]

A primeira etapa da entrevista cognitiva, de planejamento e preparação, envolve toda a logística da entrevista em que o entrevistador examinará minuciosamente o caso e estabelecerá os objetivos do depoimento, se atentando ao fato de que todas as questões fundamentais do caso sejam abordadas durante a coleta do testemunho. O entrevistador deverá examinar o caso com total imparcialidade, formulando perguntas neutras, sem qualquer cunho de confirmação de suas suposições. É importante que o ambiente físico da entrevista seja um lugar simples e sóbrio, com o menor número possível de estímulos que possam distrair a testemunha, o que nem sempre ocorre em uma sala de audiência.[118]

A segunda fase envolve o engajamento e a explanação. Busca-se o engajamento por meio do *rapport*, que consiste em estabelecer com a testemunha uma relação harmoniosa e empática, evitando que ela fique muito ansiosa por não estar habituada com a situação. O entre-

---

[113] AMBROSIO, Graziella. Psicologia do testemunho: técnicas de entrevista cognitiva. **Revista do Tribunal Regional do Trabalho da 15ª Região**, n. 46, 2015. p. 31.

[114] FONSECA, *op. cit.*, p. 62.

[115] AMBROSIO, *op. cit.*, p. 32.

[116] PINTO; STEIN, 2015, p. 287.

[117] AMBROSIO, *op. cit., loc. cit.*

[118] *Ibid.*, p. 37.

PSICOLOGIA DO TESTEMUNHO:
A RELAÇÃO ENTRE A PROVA TESTEMUNHAL NO PROCESSO PENAL E AS FALSAS MEMÓRIAS

vistador deverá se manter calmo para transcender ao entrevistado, além de demonstrar preocupação com o bem-estar da pessoa que irá testemunhar.[119]

Para a construção do *rapport*, é importante ponderar que o comportamento não verbal do entrevistador causa impactos no testemunho, de forma que deve ser criado um ambiente psicologicamente favorável para que a testemunha se sinta à vontade para falar em sua presença. Para reduzir o estresse e insegurança da testemunha, o entrevistador deve ser apresentar, dizendo seu nome; perguntar à testemunha o seu nome, e ao longo de toda a entrevista chamá-la pelo nome.

O entrevistador deve explicar a sistemática da entrevista e estabelecer algumas regras, enfatizando a importância de a testemunha em dizer a verdade. Deve, também, estimular o processo de recordação da testemunha, e posteriormente solicitar que relate tudo o que conseguir lembrar em detalhes, incluindo os que podem parecer insignificantes para o entrevistado, pois podem ser muito importantes para o entrevistador no esclarecimento do fato.[120]

Ainda nessa segunda fase, é importante que o entrevistador alerte a testemunha para não fazer suposições, tampouco adivinhar fatos de que não se recorda. A questão de expor os fatos detalhadamente não quer dizer que a testemunha é obrigada a saber tudo que ocorreu. O entrevistador deve estimular a testemunha a relatar tudo o que se recorda, sem inventar qualquer afirmação ou acontecimento.[121]

Por fim, a testemunha será advertida que incorrerá em sanção penal caso faça afirmações falsas, se cale ou oculte a verdade.[122]

A terceira etapa da entrevista cognitiva corresponde ao relato em si que será realizado pela testemunha. O entrevistador deve tentar recriar, no momento do relato, o mesmo ambiente em que se deu a percepção dos fatos, pois, tendo em vista que as informações

---

[119] *Ibid.*, p. 37.
[120] *Ibid.*, p. 38-39.
[121] *Ibid.*, p. 39.
[122] *Id.*

armazenadas na memória estão ligadas ao contexto no qual foram apreendidas, a recriação desse contexto facilita a recuperação das lembranças. O entrevistador deve permitir que o relato seja livre, para que não haja nenhuma censura que cerceie o pensamento.[123]

A técnica de recriação do contexto vem sendo considerada indispensável dentro da entrevista cognitiva em termos de eficácia.

Nesse sentido, Pinto e Stein exemplificam:

> Então agora gostaria que você pudesse relatar tudo o que lembra sobre (o fato testemunhado/vivido). Algo que pode ajudar você é procurar usar a sua mente para voltar àquele dia. Caso prefira, feche os olhos para fazer isso... (pausa). Volte naquele momento, o que você observava ao seu redor? (pausa) O que ouvia? (pausa) Sentia algum cheiro? (pausa) Algum pensamento lhe ocorria, algum sentimento? (pausa) Espere a cena toda se criar na sua mente... (pausa). Quando achar que ela está clara o bastante comece a contar tudo o que lembrar livremente, sem editar ou omitir detalhes[124].

A recriação do contexto pode se dar de maneira física ou mental. Na física, a vítima ou a testemunha é exposta ao cenário real em que o fato ocorreu, ou a objetos que se tem acesso que estavam presentes na situação original. Ocorre que nem sempre se recomenda expor a vítima a objetos ou à cena do crime por questões de trauma que podem interferir no processo de recordação. Por outro lado, a recriação mental é utilizada para evitar que o estado subjetivo da testemunha, ou seja, suas emoções, interfiram na colheita das informações.[125]

A fase de recriação do contexto é de extrema importância, pois a memória depende do contexto, uma vez que se forma por meio de uma rede de associações de experiências.[126] Sendo assim, a

---

[123] *Ibid.*, p. 40.
[124] PINTO; STEIN, 2015, p. 289.
[125] *Ibid.*, p. 290.
[126] *Ibid.*, p. 291.

PSICOLOGIA DO TESTEMUNHO:
A RELAÇÃO ENTRE A PROVA TESTEMUNHAL NO PROCESSO PENAL E AS FALSAS MEMÓRIAS

recordação de uma memória pode ser efetivada quando o ambiente da codificação e da recuperação forem semelhantes.[127]

Na terceira etapa, o entrevistador deve manter uma postura de escuta ativa, demonstrando que possui grande interesse no que está sendo dito pela testemunha. Para isso, é importante não interromper em momento algum a pessoa e deixá-la confortável para contar o que sabe, tentando sempre se aproximar dela. Deve, também, manter contato visual frequente, sem olhar fixamente para não intimidar. Entre as pausas que a testemunha fizer, o entrevistador não deve preenchê-las com outra pergunta, sugerindo os psicólogos que se espere dez segundos de silêncio para então realizar a próxima pergunta.[128]

As perguntas para sanar alguma dúvida que venha a surgir deverão ser abertas, para não incorrer em nenhuma sugestão ou limitação da resposta da testemunha, uma vez que as alternativas ofertadas na pergunta fechada podem não abranger a realidade dos fatos. As perguntas fechadas devem ser utilizadas apenas para verificação de uma informação específica não trazida no testemunho.[129]

Sobre a temática, Fonseca assevera:

> O grande problema ao redor das perguntas fechadas é que, uma vez realizadas, deixam em evidência para o entrevistado que o entrevistador já parte de um pressuposto tendencioso, sugerindo ao primeiro a resposta que deve ser dada. Eis o motivo pelo qual o método tradicional de inquirição deve ser abandonado[130].

Para a linguagem, deve-se utilizar a voz ativa, palavras e frases simples. Tendo em vista a simplicidade com que as palavras devem ser utilizadas, não se deve utilizar perguntas negativas ou em ordem inversa, bem como não devem ser utilizados termos técnicos e expressões rebuscadas.[131]

---

[127] *Ibid.*, p. 292.
[128] AMBROSIO, 2015, p. 41.
[129] *Ibid.*, p. 42.
[130] FONSECA, 2017, p. 63.
[131] AMBROSIO, 2015, p. 43.

É na terceira etapa em que se aborda brevemente a questão das falsas memórias. Algumas falsas memórias são geradas em um processo interno de compreensão e outras resultam de sugestões externas em que as pessoas passam a recordar fatos sugeridos como se tivessem sido realmente vividos.[132]

Segundo estudos realizados por Westphalen[133], pessoas com menor capacidade intelectual e ansiosas possuem maior suscetibilidade para falsas memórias, pois confiam menos em seus próprios julgamentos, além de possuírem dificuldades em depositar certeza e confiança nas suas memórias, sendo necessário que o entrevistador identifique se é o caso do entrevistado, para evitar que o fenômeno das falsas memórias macule a entrevista.[134]

A quarta etapa da entrevista cognitiva é a do fechamento. O entrevistador, antes de finalizar a entrevista, deve repetir resumidamente o testemunho, usando exatamente as mesmas palavras do entrevistado para transcrição em ata. Em que pese o término do testemunho, isso não impede que o entrevistado acrescente alguma informação nesse momento, de forma que o entrevistador deve deixá-lo à vontade para fazer qualquer ponderação que entenda necessário.[135]

E, por fim, a quinta etapa da entrevista cognitiva é a avaliação. Essa fase está voltada ao entrevistador em si, na qual ele deve avaliar seu desempenho, levantando os pontos que devem ser mantidos e os que necessitam de ajustes para as próximas entrevistas. Essa etapa pode ser realizada pelo próprio entrevistador ou por outra pessoa, pois, segundo psicólogos que desenvolveram a técnica da entrevista cognitiva, é fundamental para o processo de aprimoramento do entrevistador e do próprio procedimento.[136]

---

[132] *Ibid.*, p. 46.
[133] WESTPHALEN, Cristina Andersson. **A Aplicação da Entrevista Cognitiva na Investigação Criminal**. 2011. Monografia (Especialização em Psicologia Jurídica) – Centro Cultural de Formação Projecto, Rio Grande do Sul, 2011. p. 33.
[134] AMBROSIO, *op. cit.*, p. 47.
[135] *Ibid.*, p. 47.
[136] *Ibid.*, p. 48, 2015.

Em suma, a prova testemunhal é um teste de memória para quem está sendo ouvido, de forma que o entrevistador deve estimular o entrevistado a falar espontaneamente sobre todos os fatos ocorridos na maior riqueza de detalhes possível, e sempre levar em consideração que a testemunha dificilmente irá narrar tudo como de fato ocorreu.

A entrevista cognitiva, em que pese levar mais tempo que as entrevistas convencionais, é capaz de ampliar significativamente a quantidade e a qualidade das informações juridicamente relevantes quando comparada a uma entrevista padrão.[137] Isso se dá pelo fato de o entrevistador se manter neutro ao realizar perguntas, sem projetar suas convicções e perguntas tendenciosas.[138]

4.2 DECISÕES JUDICIAIS EMBASADAS EM PROVAS TESTEMUNHAIS

Em que pese as interferências das quais está passível, a prova testemunhal possui grande aplicabilidade no processo penal, sendo bastante utilizada pelos magistrados para condenar ou absolver o acusado, ainda que seja a única prova produzida nos autos.

A fundamentação baseada em provas testemunhais se dá de modo corriqueiro em nosso ordenamento jurídico pátrio, ainda que existam outras provas produzidas no decurso processual. Sua utilização é notória, conforme será demonstrado abaixo nos julgados exemplificativos.

Em Apelação julgada no processo de n.º 0016502-14.2009.8.26.0482 em junho/2019, os Desembargadores proferiram acórdão rejeitando a preliminar de nulidade da audiência de instrução, a qual foi suscitada em razão de a testemunha, ao prestar depoimento, ter tido acesso aos documentos juntados aos autos. Entretanto, não foi considerado nulidade pelos julgadores, sob o fundamento de que a testemunha reafirmou o dito em sede policial,

---

[137] *Ibid.*, p. 49.
[138] FONSECA, 2017, p. 65.

com alguns acréscimos na esfera judicial. Tal julgado demonstra que a prova testemunhal se sobrepõe no processo penal, nem sempre sendo garantida a impessoalidade que deve reger esse tipo de prova, bem como a busca a qualquer custo da acusação do indivíduo, ainda que baseada em prova não totalmente imparcial. Segue fundamentação:

> Prima facie, não se avista qualquer nulidade na audiência de instrução quanto à suposta "quebra do filtro de fidedignidade, que não foi observado na colheita da prova testemunhal" pois, durante a sua oitiva, a testemunha Josiane consultou peças e documentos constantes no processo.
>
> A legislação vigente permite a consulta a apontamentos pessoais, conforme previsão expressa do parágrafo único do artigo 204 do CPP. E, como bem apontou o MM. Juízo a quo (fl. 269), se a consulta a apontamentos pessoais é permitida, é evidente que também o é em relação a peças e documentos contidos nos autos.
>
> Além disso, a testemunha não se limitou a ratificar o conteúdo das peças e documentos consultados o que por si só também não implicaria em nulidade mas, como se depreende da análise de sua oitiva (mídia digital), narrou os fatos de acordo com sua memória, acrescentado detalhes ao depoimento prestado na fase policial [...][139].

No mesmo sentido, no julgamento da Apelação no processo n.º 0005092-98.2018.8.26.0269, ocorrido em junho/2019, os Desembargadores proferiram acórdão dando parcial provimento ao recurso, não acolhendo a nulidade do reconhecimento realizado na via judicial. Ocorre que, em sede policial, a vítima teria afirmado não conseguir reconhecer os autores do fato, porém, posteriormente reconhece sem sombra de dúvidas os réus como

---

[139] TJSP; Apelação Criminal 0016502-14.2009.8.26.0482; Relator (a): Gilberto Cruz; Órgão Julgador: 15ª Câmara de Direito Criminal; Foro de Presidente Prudente - 2ª Vara Criminal; Data do Julgamento: 06/06/2019; Data de Registro: 07/06/2019.

autores. Os desembargadores simplesmente ignoraram o fato de que a memória pode sofrer distorções em razão do tempo, bem como que é no mínimo duvidoso uma pessoa afirmar ser impossível reconhecer um indivíduo pouco depois do ocorrido, e o conseguir fazer com certeza ano depois. No trecho a seguir é possível perceber, mais uma vez, que a prova testemunhal é predominantemente usada em face das demais circunstâncias do caso, como forma apelativa de se chegar à condenação. Vejamos.

> E quanto à vítima Antônio, apesar de na delegacia ter declinado a impossibilidade de reconhecer os autores do delito, em juízo reconheceu, sem sombra de dúvidas, ambos os réus como autores do delito.
>
> A defesa postula haver discrepâncias nos reconhecimentos efetuados pelas vítimas. No entanto, diminutas divergências consistem em contradições marginais, as quais não possuem o condão de invalidar os reconhecimentos efetuados pelas vítimas, especialmente porque, ambos os réus foram reconhecidos pelas vítimas como autores do delito, sem titubearem, sendo seus depoimentos uníssonos, claros e coesos.
>
> Ademais, o delito havia ocorrido há mais de um ano da audiência de instrução e julgamento, sendo normais pequenos lapsos de memória. [...]
>
> A jurisprudência é no sentido de que eventuais discrepâncias de menor importância não invalidam ou colocam em suspeita os reconhecimentos efetuados [...][140].

No julgamento da Apelação no processo n.º 1500106-72.2018.8.26.0545, em junho/2009, os Desembargadores proferiram acórdão dando parcial provimento ao recurso, absolvendo o réu da prática do delito de roubo majorado (artigo 157, §2°, II, do Código

---

[140] TJSP; Apelação Criminal 0005092-98.2018.8.26.0269; Relator (a): Jaime Ferreira Menino; Órgão Julgador: 3ª Câmara de Direito Criminal; Foro de Itapetininga - 1ª Vara Criminal; Data do Julgamento: 13/06/2019; Data de Registro: 13/06/2019.

Penal), pois as provas produzidas, principalmente a de reconhecimento, não se mostraram suficientes para confirmar a autoria delitiva do crime, uma vez que a condenação se baseou tão somente na palavra da vítima. Nesse julgado, contrariadamente aos anteriores, os Desembargadores determinaram que o reconhecimento pessoal deve ser analisado juntamente com outros elementos para não resultar em injustiças.

A análise desse conjunto probatório não permite a condenação do apelante pela prática de roubo. A prova da autoria nos crimes patrimoniais é, na maioria das vezes, circunstancial e de difícil demonstração, obrigando o juiz, para afirmá-la, a pesquisar o quadro probatório existente nos autos. Pois bem. Acusação e condenação basearam-se, essencialmente, no relato da vítima e no reconhecimento do acusado feito por ela. Contudo, a versão apresentada pela vítima em Juízo não se coaduna totalmente com o quanto narrado no inquérito. [...] a conclusão do reconhecimento pessoal deve ser recebida com certa reserva, dependendo da sua conjugação com outros elementos probantes produzidos na instrução criminal, que no caso são inexistentes, pois o acusado não foi detido na posse do bem subtraído (em que pese tenha sido localizado pouco tempo depois dos fatos) e os policiais militares que atenderam à ocorrência não presenciaram o momento do roubo. Por isso, Hélio Tornaghi adverte: "não se deve exagerar o valor da certeza afirmada por um reconhecimento porque muitas são as causas dos falsos reconhecimentos, e é necessário lançar mão das cautelas necessárias para eliminá-las, tanto quanto possível. Tais erros decorrem de fatores externos, ou internos da convergência de uns e outros. Entre os externos figuram as más condições ambientais para uma observação segura: o escuro, a distância, a velocidade etc. Entre os segundos: a desatenção, o estado emocional, a paixão, etc. Entre estes últimos o mais importante é o tempo transcorrido entre a observação do fato e o reconhecimento. Por tudo isso, a autoridade (policial ou judiciária) que preside ao reconhecimento deve encarar a descrição do reconhecendo com prudência e avaliá-lo criticamente" [...][141].

Sendo assim, resta demonstrado que a prova testemunhal é muito utilizada para fundamentar decisões judiciais, bem como o caráter imprescindível de se analisar a prova testemunhal com outras provas, ou na eventualidade de ser a única prova no processo, observar se sua colheita foi feita de forma devida, sob pena de causar grave prejuízo ao direito de defesa do acusado. Vale acrescentar, nesse ponto do livro, que nosso ordenamento jurídico prevê a presunção de inocência, não a de culpabilidade, razão pela qual as provas devem ser analisadas com a máxima cautela para não infringir direitos e garantias processuais legais.

---

[141] TJSP; Apelação Criminal 1500106-72.2018.8.26.0545; Relator (a): Márcio Bartoli; Órgão Julgador: 1ª Câmara de Direito Criminal; Foro de Atibaia - 1ª Vara Criminal Infância e Juventude; Data do Julgamento: 17/06/2019; Data de Registro: 18/06/2019.

5

CONSIDERAÇÕES FINAIS

No decorrer desta obra buscou-se compreender o que é, como se forma e quais falhas podem ocorrer na memória, e os impactos que isso traz na esfera do direito processual penal, com especial ênfase ao fenômeno das falsas memórias e sua relação com a prova testemunhal.

Nesse sentido, foi possível perceber que o testemunho é supervalorizado, tendo em vista que é um meio de prova capaz de encaminhar o operador do direito a reconstruir os fatos ocorridos por meio da coleção de informações importantes sobre estes.

Ocorre que a memória humana não é algo imutável, sendo suscetível de inúmeras falhas, de modo que aquele que prestará depoimento pode estar sujeito a incontáveis interferências, sejam elas internas ou até mesmo externas. Assim, a busca do que realmente ocorreu é fortemente atingida, e cada vez mais distante de ser concretizada.

As falsas memórias são caracterizadas por uma lembrança equivocada de fatos que nunca ocorreram, ou ocorreram de forma distinta da que foi relatada. O indivíduo que relata fatos sob o efeito das falsas memórias pode contaminar o testemunho, ainda que sem o dolo de contaminá-lo, podendo acarretar prejuízos irreparáveis, como a condenação de um réu inocente.

É nesse ponto que traçamos a relação entre a prova testemunhal e as falsas memórias, pois à medida que aquele que prestará o testemunho se remete às suas memórias, poderá sofrer interferências positivas ou negativas, influenciando, consequentemente, a qualidade da prova testemunhal produzida.

São muitos os fatores que podem originar o fenômeno das falsas memórias, a citar, a ação do tempo, que acaba criando lacunas na memória do depoente, bem como sugestionabilidades implantadas, ainda que sem propósito, de parentes, amigos, mídia, ou até mesmo do próprio entrevistador quando formula perguntas tendenciosas.

A importância da prova testemunhal no contexto do direito processual penal é incontestável, porém, há grande dificuldade em identificar a presença das falsas memórias no testemunho prestado. Por esse motivo, é necessário buscar em outros ramos do conhecimento medidas capazes de evitar ou minimizar possíveis danos que venham a ocorrer, para que as consequências da prova testemunhal maculada não interfiram em direitos constitucionais do acusado, tendo em vista que o risco de contaminação da memória não pode ser simplesmente eliminado, pois não é um processo voluntário do indivíduo.

A Psicologia do Testemunho se encarregou de estudar métodos para evitar a ocorrência do fenômeno das falsas memórias, apontando, dentre eles, a entrevista cognitiva e o reconhecimento pessoal sequencial, pois em ambos os métodos se evita que sugestionabilidades sejam propostas à testemunha ou à vítima, dificultando posicionamentos no momento da colheita da prova.

Ressalta-se que há a necessidade de se pensar nesses métodos como auxiliadores do operador do direito, o qual deve sempre buscar se aproximar do que realmente aconteceu, mesmo que isso se mostre extremamente difícil. Ainda que não incorporados ao sistema jurídico brasileiro, tais métodos podem ser utilizados de modo geral, como por exemplo, a realização de perguntas neutras e imparciais, deixar a testemunha ou a vítima à vontade para falar, criando, assim, um ambiente mais confortável e menos autoritário para o depoente.

O uso da interdisciplinaridade se mostra bastante importante à medida que a Psicologia do Testemunho realiza pesquisas para que seja conferido ao testemunho maior credibilidade, razão pela qual é de extrema importância a implementação de métodos que possam assegurar maior força ao depoimento, sempre levando em consideração que a presunção em nosso ordenamento jurídico é a de inocência, e não a de culpabilidade.

O que se buscou com este estudo é a conclusão da importância da prova testemunhal dentro do processo penal, que deve ser usada com cautela, tendo em vista as interferências que pode sofrer, bem como colocar à vista a dicotomia que ela apresenta, pois, se de um lado ela apresenta papel importante para o direito penal, por outro lado deve ser ponderada juntamente com outras provas, diante da subjetividade que a cerca.

Em linhas gerais, o que contribuiria para minimizar os riscos de uma prova testemunhal maculada seria sua colheita em período razoável de tempo, a fim de tentar evitar que a testemunha ou a vítima seja influenciada pelos familiares, terceiros ou até mesmo a mídia, para que não sejam criadas lembranças totalmente distintas da memória original.

Os julgados trazidos demonstram o caráter corriqueiro da fundamentação baseada tão somente na prova testemunhal no contexto penal e, portanto, a importância da análise da prova testemunhal inserida em todo o contexto fático, para que não ocorram arbitrariedades no momento de proferir sentença, levando sempre em consideração que o testemunho pode ser facilmente maculado, não podendo lhe ser conferido caráter absoluto.

REFERÊNCIAS

AMBROSIO, Graziella. Psicologia do testemunho: técnicas de entrevista cognitiva. **Revista do Tribunal Regional do Trabalho da 15ª Região**, n. 46, p. 31-51, 2015.

AQUINO, José Carlos G. Xavier. **A Prova Testemunhal no Processo Penal Brasileiro**. São Paulo: Juarez de Oliveira, 2002.

ÁVILA, Gustavo Noronha de. **Falsas Memórias e Sistema Penal**: a Prova Testemunhal em xeque. Rio de Janeiro: Editora Lumen Juris, 2013.

CARNELUTTI, Francesco. **Lições sobre o processo penal**. Campinas: Bookseller, 2004. v. 1.

TOURINHO FILHO; Fernando da Costa. **Processo Penal**. 33. ed. rev. e atual. São Paulo: Saraiva, 2011. v. 3.

DE LIMA, Renato. **Brasileiro**. Manual de Processo Penal. Salvador: Jus-Podivm, 2016.

DI GESU, Cristina. **Prova Penal e Falsas Memórias**. Porto Alegre: Livraria do Advogado, 2014.

DI GESU, Cristina. O Reflexo da Falsificação da Lembrança no Ato de Reconhecimento. **Boletim Informativo IBRASPP**, ano 3, n. 4, 2013. Disponível em: http://www.ibraspp.com.br/wp-content/uploads/2010/08/Boletim-04_IBRASPP.pdf. Acesso em: 20 abr. 2019.

ELIAS, Norbert. **A Sociedade dos Indivíduos**. Rio de Janeiro: Zahar, 1996.

FIORELLI, José Osmir; MANGINI, Rosana Cathya Ragazzoni. **Psicologia Jurídica**. São Paulo: Atlas, 2015.

FLECH, Larissa Civardi. **Falsas Memórias no Processo Penal**. Rio Grande do Sul: Universidade Federal do Rio Grande do Sul, 2012.

FONSECA, Caio Espíndola. **Processo Penal e as Falsas Memórias**: a Influência das Distorções da Mente na Prova Testemunhal. 2017. 76 f.

Monografia (Graduação em Direito) – Pontifícia Universidade Católica do Rio de Janeiro, Rio de Janeiro, 2017. Disponível em: https://www.maxwell.vrac.puc-rio.br/33115/33115.PDF. Acesso em: 13 maio 2019.

GIACOMOLLI, Nereu José. **O devido processo penal**: abordagem conforme a Constituição Federal e o Pacto de São José da Costa Rica. 3. ed. rev. atual. e ampl. São Paulo: Atlas, 2016.

HIMMER, Lea et al. Rehearsal initiates systems memory consolidation, sleep makes it last. **Science Advances**, v. 5, n. 4, p. 1-9, Apr. 2019.

IZQUIERDO, Iván Antonio. **Memória**. 3. ed. Porto Alegre: Artmed, 2018.

IZQUIERDO, Iván Antonio *et al.* Memória: Tipos e Mecanismos – achados recentes. **Revista USP**, São Paulo, n. 98, p. 9-16, 2013.

LOPES JÚNIOR, Aury. **Direito Processual e a sua Conformidade Constitucional**. 8. ed. Porto Alegre: Lumen Juris, 2011.

LOPES JÚNIOR, Aury. **Direito Processual Penal**. 10. ed. São Paulo: Saraiva, 2013.

MEMÓRIA. In: DICIO, Dicionário Online de Português. Porto: 7Graus, 2023. Disponível em: https://www.dicio.com.br/memoria/. Acesso em: 23 dez. 2023.

MYERS, David G.; DEWALL, C. Nathan. **Psicologia**. Tradução de Cristiana de Assis Serra e Luiz Cláudio Queiroz de Faria. 11. ed. Rio de Janeiro: LTC, 2019.

NEUFELD, Carmem Beatriz; BRUST, Priscila Goergen; STEIN, Lilian Milnitsky. Compreendendo o fenômeno das falsas memórias. *In*: STEIN, Lilian Milnitsky. **Falsas memórias**. Porto Alegre: Artes Médicas, 2010.

NUCCI, Guilherme de Souza. **Código de processo penal comentado**. São Paulo: Revista dos Tribunais, 2015. 1214p.

NUCCI, Guilherme de Souza. **Manual de Processo Penal e Execução Penal**. São Paulo: Revista dos Tribunais, 2011. 1088p.

PINTO, Luciano Haussen; STEIN, Lilian Milnitsky. As bases teóricas da técnica da recriação do contexto na entrevista cognitiva. **Avances en Psicología Latinoamericana**, v. 33, n. 2, p. 285-301, 2015.

SANTOS, Renato Favarin dos; STEIN, Lilian Milnitsky. A Influência das Emoções nas Falsas Memórias: uma revisão crítica. **Psicologia USP**, v. 19, n. 3, p. 415-434, 2008. Disponível em: https://doi.org/10.1590/S0103-65642008000300009. Acesso em: 26 maio 2019.

SCHACTER, Daniel L. **Os Sete Pecados da Memória**: como a mente esquece e lembra. Rio de Janeiro: Rocco, 2003. Disponível em: https://www.xmind.net/m/auFF/. Acesso em: 28 maio 2019.

STEIN, Lílian Milnitsky; NEUFELD, Carmem Beatriz. Falsas memórias: Porque lembramos de coisas que não aconteceram. **Arquivos de Ciências da Saúde da Unipar**, v. 5, n. 2, maio/ago. 2001.

STEIN, Lilian Milnitsky *et al.* **Falsas memórias**: fundamentos científicos e suas aplicações clínicas e jurídicas. Porto Alegre: Artmed, 2010.

TJSP; Apelação Criminal 0016502-14.2009.8.26.0482; Relator (a): Gilberto Cruz; Órgão Julgador: 15ª Câmara de Direito Criminal; Foro de Presidente Prudente - 2ª Vara Criminal; Data do Julgamento: 06/06/2019; Data de Registro: 07/06/2019.

TJSP; Apelação Criminal 0005092-98.2018.8.26.0269; Relator (a): Jaime Ferreira Menino; Órgão Julgador: 3ª Câmara de Direito Criminal; Foro de Itapetininga - 1ª Vara Criminal; Data do Julgamento: 13/06/2019; Data de Registro: 13/06/2019.

TJSP; Apelação Criminal 1500106-72.2018.8.26.0545; Relator (a): Márcio Bartoli; Órgão Julgador: 1ª Câmara de Direito Criminal; Foro de Atibaia - 1ª Vara Criminal Infância e Juventude; Data do Julgamento: 17/06/2019; Data de Registro: 18/06/2019.

WESTPHALEN, Cristina Andersson. **A Aplicação da Entrevista Cognitiva na Investigação Criminal**. 2011. Monografia (Especialização em Psicologia Jurídica) – Centro Cultural de Formação Projecto, Rio Grande do Sul, 2011.